# Holzfischen oder Das letzte Hemd
## hat keine Streifen

Ich danke vor allem Sabine Wild für die Anfertigung der Szeneskizzen.

Gerald Huber

# Holzfischen oder Das letzte Hemd hat keine Streifen

**Bibliografische Information der Deutschen Nationalbibliothek**

Die Deutsche Nationalbibliothek verzeichnet diese Publikation in der
Deutschen Nationalbibliografie; detaillierte bibliografische Daten sind
im Internet über http://dnb.de abrufbar.

© 2018 Gerald Huber
Satz, Umschlaggestaltung, Herstellung und Verlag:
BoD – Books on Demand
ISBN 978-3-7460-6915-9

Ich beginne den Tag wie üblich damit, den Schalter mit dem schwarzen Pfeil nach oben zu drücken, in der Hoffnung, die Zugehkatze bereits wartend vor der Terrassentüre vorzufinden, anstatt dessen sehe ich die drei Personen. Ich denke, dass ich nicht weiß, was ich machen soll, als das ältere der beiden Kinder der Frau mit dem Kopftuch an der Gartentüre wieder und wieder versucht, die Klinke herunterzudrücken und seinen Körper gegen die Türe wirft. Das andere Kind steht daneben, die Mutter starrt nervös hinter das Fenster, hinter dem sie mich bemerkt. Ich will die Flügeltüre öffnen und nachfragen, was hier gerade stattfindet und einen alles sagenden Blick ihnen entgegenwerfen. Ich warte kurz und denke, ich könnte auch den Schlüssel holen, die Gartentüre aufsperren und den Diener machen, indem ich das Kind mit einer hereinbittenden Geste in den Vorgarten lasse, ein, zwei Gänseblümchen abpflücke und dem Mädchen überreiche. Nein, drei Gänseblümchen sind besser, man schenkt immer eine ungerade Zahl Blumen. Und eigentlich verschenkt man im Leben immer zu wenig Blumen, was man auch am Grab der Liebsten nie mehr nachholen kann. Ich drücke den Schalter mit dem schwarzen Pfeil nach unten, die Rollos fahren herunter.

Ich gehe ins Bad und denke, als ich flüchtig in den Spiegel schaue, immer wieder an dieses Wort, das man mir mit auf den Weg gegeben hat. Austherapiert. Immer wieder dieses fürchterliche Wort Austherapiert. Wie viele Menschen starben gerade, als die Ärzte dieses Wort und alles was damit zusammenhängt aussprachen, denke ich. Und wie viele wurden gerade geboren. Und vielleicht ist einer der Ärzte, der mir diese Mitteilung zukommen ließ jetzt bereits noch kränker, noch austherapierter, nicht, dass ich es ihm gönnen würde, aber ein bisschen anders, ein bisschen feinfühlender hätte man es mir schon mitteilen können. Und den Deckel der Akte, meiner Krankenakte, hätte man nicht so schwungvoll zuklappen müssen vor dem allerletzten Handschlag mit einem Arzt, dachte ich damals. Es sei egal, ob ich im Hospiz bliebe oder eben noch einmal nach Hause zurückkehrte, sagten sie mir. Die Schmerzmittel könne ich mir auch selbst unter die Haut rund um den Bauchnabel herum injizieren.

Bei mir hat sich alles immer auf den Magen geschlagen, denke ich, allerdings nie auf den Kopf glücklicherweise, sondern immer nur auf den Magen. Am liebsten wäre es mir gewesen, alles hätte sich immer auf den Fuß geschlagen, auf den großen Zeh vielleicht. Den könnte man abschneiden lassen, chirurgisch entfernen sozusagen. Was man beim Magen nur mit äußerster Einschränkung der Lebensqualität macht, wohingegen das Hirn in der Regel nicht amputiert wird, denke ich. Wobei es bei dem ein oder anderen Menschen schon gut wäre, das Hirn chirurgisch entfernen zu lassen.

Wohin sind sie, all die Jahre, außer ins Gesicht gezeichnet, die ganzen Wege, die man gehen musste. Auf wenige Gedanken sind sie zersplittert, die ganzen Jahrzehnte. Jeder hat ab fünfzig das Gesicht, das er verdient, denke ich beim erneuten Blick in den Spiegel.

Vielleicht kann ich noch einmal, ein letztes mal vielleicht, zum Holzfischen gehen, denke ich. Holzfischen, eine uralte bayerisch-österreichische Tradition, früher als notwendiger Erwerb von Brennmaterial, der viel Zeit in Anspruch nimmt, da man nie weiß, ob und welches Holz vorbeigetrieben wird, meist nach Unwettern des vorausgegangenen Tages oder der Nacht. Heute ein reiner Zeitvertreib, während dessen man sich unterhaltend häufig gar nicht großartig anstrengt, die größten und also energiehaltigsten Stammteile aus dem Fluss zu fischen, sondern eher der Gemütlichkeit wegen einen Grund des Zusammensitzens hat. Für mich war das Holzfischen immer eine gute Ablenkung, ich denke, nicht so spannend wie das Fischfischen, aber durchaus auch interessant, so wie das Abholen des Koffers am Zielort der Reise, endlich kommt es, das Gepäck, endlich kommt er, der Holzpfahl. Eine Reise ist nicht mehr drin, wahrscheinlich, weil es mir immer das Größte war und ja seit meiner Geburt, bei der ich mit dem linken Bein zuerst aus dem Mutterleib herausgezogen worden bin, ein Pechgen, so nannte ich es immer, mein Leben diktiert. Aber in der Summe ist alles egal, ob Du mit achtzig nach einem erfolgverwöhnten Leben, nennen wir es UdoJphänomen, schnell, ohne große Vorwarnung und Schmerzen tot umfällst, oder, nach langem Kampf, wie man so sagt, an der Auszehrung stirbst, weil dir die Krankheit die letzten Lebensreserven wegnimmt, dir im Gegenzug jedoch schwer aushaltbare Schmerzen schenkt.

Nach langem Kampf, so wird es in der Zeitung stehen, hat er verloren, er möge ruhen in Frieden, werden sie schreiben. Und es wird nichts von mir übrig bleiben, denke ich, immer noch in den Spiegel schauend, nicht ein Musikstück, nicht eine Textzeile, nicht ein Bild.

Aber im Grunde genommen ist das eine Belanglosigkeit, eigentlich die größte Belanglosigkeit überhaupt, weil ja keiner der Toten irgend etwas davon hat, dass sein Name, also irgend ein Name, auf einer CD oder einem Buch oder Bild steht.

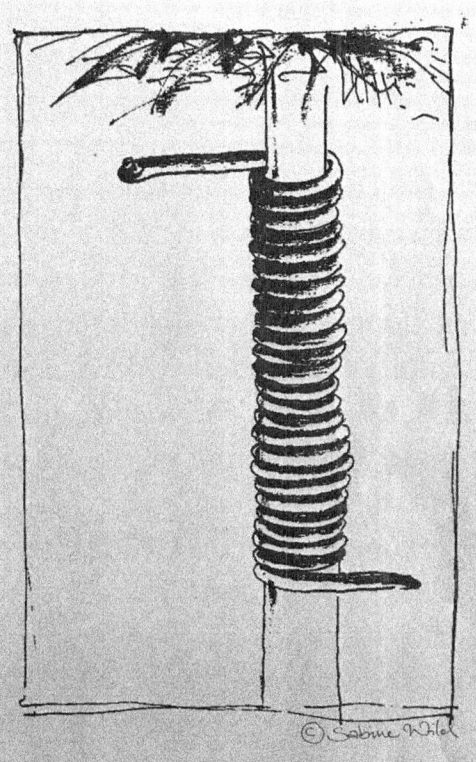

Ob ich überhaupt noch am Palmenwurm weiterschreiben soll, überlege ich. Wozu, denke ich, denn seine Veröffentlichung würde ich Austherapierter ohnehin nicht mehr miterleben können, und sollte das Buch wider Erwarten ein Erfolg werden, würden andere, vom Gesetzgeber vorgegebene sogenannte Erben etwas davon haben und das ist mir wiederum nicht wichtig. Auf der anderen Seite, so denke ich, genügt oft schon die Vorstellung von einer möglichen erst in der fernen Zukunft stattfinden werdenden Situation, um sich besser zu fühlen, was ich gut gebrauchen könnte, heute und jetzt. Ich schreibe also einen Satz für den Palmenwurm, ich schreibe: Jeder Campingplatz ist im Grunde genommen ein Microkosmos, in dem die gleichen Gesetzmäßigkeiten herrschen wie überall sonst, Fressen und gefressen werden.

Dann lege ich den Stift beiseite und ziehe mein gelbes T- Shirt mit dem in schwarzen Buchstaben aufgedruckten Text

„Ich bin mit der Gesamtsituation unzufrieden" an, ein Geschenk ehemaliger Schüler von der Privatschule, an der ich so ungern war, weil sie einen so schlechten Ruf hatte, aber die Schüler mochte ich, und manche mochten vielleicht mich, denn ich bekam jedes Jahr zum Schuljahresende ein T-Shirt mit einem für mich passenden Spruch.

Im Fernseher läuft eine Tierdokumentation, ein Rudel Tüpfelhyänen jagt eine Gruppe Antilopen, faszinierende Aufnahmen. Dachte ich früher, heute finde ich solche Szenen, ja überhaupt die Natur generell schrecklich und grauenhaft, welcher Schöpfer hat sich denn so etwas überlegt, immer muss das eine sterben damit das andere überlebt. Aber damals war ich fasziniert von den Regeln und Gesetzmäßigkeiten in der Natur, von der Vielfalt der Arten und den Zusammenhängen des Lebens, und so ging ich ausnahmsweise meinen Weg, nämlich den in die Naturwissenschaften hinein, und nicht den Weg, den mir andere Menschen empfohlen hatten. Ich schalte um und sehe eine Gesprächsrunde, bei der ein Politiker sitzt, der mich an einen ehemaligen Kollegen erinnert. Ich denke, er, dieser ehemalige Berufskollege ist immer seinen Weg gegangen. Seit ich ihn damals kannte ist er immer nur seinen Weg gegangen. Wahrscheinlich ist er vorher schon immer nur seinen Weg gegangen. Während ich eigentlich immer nur den Weg der anderen gegangen bin, denke ich mir.

Ich bin damals immer nur den Weg gegangen, den die Eltern gingen und somit vorgaben, dass dies der für mich beste Weg sei, obwohl sie es sicher immer nur gut gemeint haben. Aber gut gemeint ist das Gegenteil von gut gemacht, erinnere ich mich an einen Satz eines ehemaligen Seminarlehrers.

Du gehst den Weg zur Kirche, sagten sie, also ging ich den Weg zur Kirche. Ich ging sogar den ganz festgetretenen und erweiterten Weg zur Kirche, denn ich ging nicht nur den Weg bis zur Kirche, in diesem Fall den zur Klosterkirche, sondern sogar einen Schritt weiter, ins Innerste der Kirche, in die geheiligten Hallen, in die ein normaler Mensch gar nicht so ohne weiteres gelangt. Und ministrierend saß ich während der allsonn- und feiertäglichen Predigten da, der Kopf senkte sich ehrfurchtsvoll, weil mir gesagt worden war, dass all das, was der Pater predige, das sei, was der Wahrheit, der reinen Wahrheit und nichts als der Wahrheit entspreche. Im Grunde genommen hörte ich die ersten Jahre gar nicht hin, weil ich nur daran dachte, wann diese elend lange Stunde denn endlich vorbei sein und ich also meine Pflicht erfüllt haben werde. Später dann dachte ich, wenn ich schon während dieser Stunde nichts Sinnvolles machen könnte, außer den Wein zu verwässern, könne ich auch hinhören. Das war gleichzeitig zum einen die Zeit der kompletten Abwendung von Geistesinhalten, wenn man das überhaupt so sagen kann, die die Katholische Kirche vorgab, und zum anderen die Zeit des Eintritts in die Pubertät. Später folgte aufgrund der theologischen Behauptungen konsequenterweise das Studium der Naturwissenschaften.

Gehe den Weg der Wehrpflicht, sagte man mir. Also ging ich ihn. Diesmal aber ging ich nicht den geebneten Weg, sondern den steinigen hügeligen Weg. Immer zunächst den Berg hinauf, um dann wieder vom Berg hinabzusteigen. Jede Woche mindestens einmal einen Berg hoch, um dann wieder vom Berg herunterzusteigen. Ein Vorgesetzter mit Humor, auch so etwas gab es bei der Bundeswehr, dieser sogenannte Hauptfeldwebel sagte einmal, als wir wegen des sogenannten Großen Gepäcks körperlich am Ende am Gipfel des Untersbergs ankamen, der Feind müsse nur ruhig auf uns warten und könne uns dann mit einer nassen Zeitung erschlagen, das waren seine Worte.

Der ehemalige sogenannte Kollege ging anscheinend nie den Weg, den die anderen vorgaben, sondern, wie gesagt, den seinen. Sogar seinen Hund, einen Labradormischling, gab er weg, als dieser nicht mehr in sein neues Lebensmodell gepasst hatte, in die neue Wohnung mit der neuen Frau und dem neuen Kind.

Ich schalte den Fernseher sofort aus, warum habe ich ihn überhaupt eingeschaltet und rufe Hans an, wir verabreden uns auf drei, ich habe also noch Zeit. Ich überlege, welche Musik jetzt für mich gut wäre und betrachte den Musikschrank, wie ich ihn immer nannte, sehe tausende CDs und Vinylplatten, nachdem nichts mehr hineingestopft werden konnte, habe ich das Kaufen von Musik eingestellt. Meine Plattensammlung war mir immer heilig, damals, ganz früher, habe ich mein gesamtes Taschengeld gespart, um in den Musicman nach Freilassing zu fahren, und mir jeden Monat genau eine Platte zu kaufen. Neunzehn Mark neunzig hat sie in der Regel gekostet. Der Wiggerl hat sich dann immer die andere der beiden Platten, die wir seit Wochen unbedingt haben mussten gekauft, wir sind dann sofort heimgefahren mit dem Bus oder heimgefahren worden, aber dann nicht sofort, weil wir noch auf die Eltern warten mussten, die sich immer was kauften, was kein Mensch braucht. Und dann gingen wir zum Wiggerl, weil der hatte die bessere Stereoanlage, und dann liefen die Platten, heute noch weiß ich bei fast allen Liedern, wo genau der Kratzer oder Sprung ist, aber manches Mal schaffe ich es aus sentimentalen Gründen nicht, eine dieser Scheiben aufzulegen, erinnert sie mich doch an die beste Zeit jetzt in der schlimmsten.

Don´t talk to people, sehe ich, aber ich rede ja mit fast keinem Menschen mehr, ich rede eigentlich nur noch mit der Katze. Die Katze versteht mich und ich verstehe sie, das ist die Wahrheit. Die Katze hat mich gelehrt, dass es nicht wichtig ist, welcher Tag gerade ist oder morgen sein wird, sie hat mir gezeigt, dass man dann schläft, wenn man müde ist und nicht dann, wenn die Uhr es vorgibt. Man soll tun, was man will, solange man keinem anderen dadurch schadet, sagen ihre Augen. Menschen verstehe ich überhaupt nicht mehr, im nächsten Leben möchte ich eine Katze sein, aber eine verfranzte Strandkatze in Griechenland, nicht eine überzüchtete Perserkatze in einer kernsanierten Loftwohnung.

Ich ziehe die Blackstar von Bowie heraus, es fallen parallel mehrere CDs auf den Boden, das wäre früher eine Katastrophe gewesen, aber heute ist es vollkommen egal. Chris Cornell fällt mir auf den Fuß, beide tot, denke ich, verdammtes Lorazepam. Ich lege den Song „Happiness is the road" von Marillion auf. Und dann noch „A letztes Liad", den Bonus-Track von Georg Danzers letztem Album. Es wird Zeit zu gehen.

Ich will mir die Schuhe anziehen, aber die Füße sind seit ein paar Tagen oder Wochen, wahrscheinlich Monaten, ich weiß mit der Zeit nichts mehr anzufangen, die Zeit weiß mit mir nichts mehr anzufangen, ich kann auch die Zeit seit langem nicht mehr begreifen, weiß oft nur noch den Kalendermonat, den Wochentag schon lange nicht mehr, stark angeschwollen, ich beschließe also, die deswegen neu angeschafften jetzt also Größe vierundvierzig, also zwei Nummern größeren Havaianas anzuziehen, trotz des doch eher kühleren Wetters und mich auf den Weg zu machen.

Die dicker gewordenen Füße sind wohl ein Ausgleich für den immer dünner gewordenen Restkörper, denke ich beim Aktivieren der Alarmanlage.

[■] Alarmknopf

Der Weg führt mich vorbei an den Nachbarhäusern, in denen schon lange nicht mehr die gewohnten und bekannten Nachbarn sind, die die Häuser teilweise gebaut haben, also die, die eigentlich hineingehören und die ich noch alle persönlich mehr oder weniger kannte, mit denen ich großgeworden bin, wie man so sagt. Die ich alle immer grüßte, weil das so ist auf dem Land. Jetzt wohnen völlig fremde, vollkommen mir unbekannte Menschen in den Häusern, denke ich mir, solche die eigentlich da nicht hineingehören, weil sie sich ja die Häuser in der Regel nicht vom Mund abgespart haben, wie man so sagt, sondern womöglich geerbt und also in diesem Fall nicht verdient haben.

Der Weg führt mich vorbei an der Altstadt, bereits als Jugendlicher schon bin ich immer gerne ins Café Günther gegangen, allerdings nicht an den Einsertisch, an dem immer alle, was von keinem Gast überhört werden konnte, einen großen Spaß hatten, vielleicht weil sie sich regelmäßig trafen und also gut kannten, wenn man das von außen überhaupt beurteilen kann, sondern lieber an einen freien Tisch oder auch ganz gerne an die Bar.

Irgendwann, nach Jahren, als ich nicht mehr regelmäßig ins Café Günther ging, hat mir einmal jemand vom Einsertisch gesagt, man habe mir dies immer als eine gewisse Arroganz ausgelegt, weil ich mich nicht zu ihnen an den Einsertisch gesetzt, sondern eher immer den Abstand gesucht habe.

Die Wahrheit ist, dass ich dort nur meine Erinnerungen der vergangenen Tage oder des vergangenen Urlaubs mir ins Gedächtnis zurückholen wollte um sie sozusagen festzuhalten, und dies gelang mir immer am besten, wenn um mich herum eine gewisse Geräuschkulisse vorhanden war, Menschengemurmel, das mich auf irgendeine Art beruhigte und ich dadurch besser abschalten konnte, wie man so sagt.

Das Café Günther gibt es schon lange nicht mehr, so wie viele vom Einsertisch jetzt auf der Lohwieseralm, wie wir in unserer Gegend sagen, begraben sind.

Ich komme vorbei an meiner Apotheke, die Apotheke gibt es immer noch, ist alt eingesessen, wie man so sagt, Apotheken schließen nicht, Schuhgeschäfte werden geschlossen oder Lokale gelegentlich, wie z. B. das Café Günther, weil sich kein Nachfolger findet für den verstorbenen Wirt, aber ich kenne keine Apotheke, keine einzige, die je geschlossen worden ist, Apotheker hätte ich werden sollen. Ich gehe hinein und die Bimmel ist immer noch die gleiche wie zu meiner Kindheit, aber die Verkäufer sind jetzt andere. Sie kennen mich trotzdem seit langem, weil ich so eine Art Stammkunde bin, ja, so würde ich mich bezeichnen. Und weil sie mich mittlerweile schon kennen, haben sie es immer bereits vorrätig, das Schmerzmittel, ein starkes Opiat, das eigentlich langfristig gar nicht mehr gegen die Schmerzen wirkt, sondern gegen die Entzugserscheinungen, es ist also eigentlich kein Schmerzmittel, sondern ein Entzugserscheinungsmittel, denke ich mir. Ich nehme mir dann noch mein Nasenspray mit, bei dem die Apothekerin immer immer, das müsse sie sagen, sagt sie, erwähnt, dieses nur maximal eine Woche anzuwenden, seit Jahren sagt sie das, ungefähr alle vier Wochen immer das gleiche.

Eine lindernde Weihrauchsalbe gegen meine Fußblähung nehme ich außerdem mit. Die Apothekerin packt immer noch Papiertaschentücher dazu, aber nicht die guten, sondern die, die immer gleich zerreißen.

Die Apotheke liegt direkt neben dem Kloster, in das ich als Kind jeden Sonntag und zu Weihnachten und Ostern zusätzlich zu allen Kirchenfesten gehen musste, zuerst als Zivilist, dann als Ministrant. In die Stiftskirche bin ich eigentlich nie gegangen, außer zur Erstkommunion oder Firmung, wie ich mich erinnere, weil der damalige Pfarrer der Stiftskirche auch unser Religionslehrer in der Grundschule war und oft mit dem Tafellineal zugeschlagen hat oder den Tafelschwamm, den er vorher extra durchtränkt hatte, auf uns, die Schüler, geschmissen hat. Automatisch hat man sich nach ihm umgedreht, wenn er von vorne nach hinten gegangen ist im Klassenzimmer, und das hat ihm nicht gepasst und also hat er zugeschlagen, der Herr Pfarrer.
Einmal, so erinnere ich mich gut, hat er der Maria, als sie, ohne sich zu melden und zu fragen, zum Papierkorb ging um ihren Bleistift zu spitzen, seinen Stuhl hinterhergeworfen und sie am Rücken getroffen. Dieses jedoch hatte keinerlei Konsequenzen, denn was der Herr Pfarrer Brandstifter, wie wir ihn nannten, gemacht hat, war schon in Ordnung, wer kann was dagegen haben, wenn es der Herr Pfarrer macht. Ob er, obwohl er als Pfarrer mit Sicherheit täglich gebe-

tet hat, mehrmals täglich sicherlich, im Himmel ist, wie der Gläubige so denkt, möchte ich stark bezweifeln, denn jemand, der einen Stuhl in äußerster Aggression auf einen Mitmenschen, noch dazu einen ihm anvertrauten, wehrlosen Schutzbefohlenen, wie man so sagt, schmeißt, soll doch besser zur Hölle fahren. Oder ins Fegefeuer gehen, aber das hat man ja vor vielen Jahren von offizieller Kirchenseite bereits abgeschafft.

Ich erinnere mich an den Turnunterricht, während dem wir uns der Körpergröße nach aufreihen mussten, Fersen am blauen Strich, so das Kommando, und dann, rechts um, so das nächste Kommando zu dem Lied „Wenn die bunten Fahnen wehen" im Gleichschritt gegen den Uhrzeigersinn in der Turnhalle marschieren mussten.

Ich war immer der Vorletzte, vor mir der Cousin, hinter mir der Wiggerl.

Mit beiden war ich auch in der gleichen Klasse am Gymnasium.

Die Lehrer früher waren anders. Und so wollte ich nie sein, nahm ich mir vor.

Ich kann mich an einen Deutschlehrer erinnern, fünfte Klasse. Er hat dafür gesorgt, dass man bereits bei Eintritt in die Schule vor der Institution Gymnasium Respekt hatte, aber nicht seiner, des Deutschlehrers Kompetenz wegen, sondern weil wir Angst vor ihm hatten. Bereits bei seinem oder besser schon vor seinem Eintreten ins Klassenzimmer hatten wir Angst. Und die Angst hörte erst mit dem Gongschlag am Ende der Stunde wieder auf.

Er setzte sich. Und wir uns. Er ging die Klassenliste durch, indem er mit seinem noch verschlossenen Rotstift von oben nach unten ging und wiederum von unten nach oben. Gelegentlich mehrmals. Der Stift blieb stehen und der Atem der Schüler auch.

Perseus Tina, sagte er in einer unangenehm hohen Stimmlage, heute erinnert sie mich an die Stimme in dem Film Mitternachtsspitzen, als Doris Day im Nebel bedroht wird. Dabei legte er seinen angestrengten Kopf in seine, den Arm auf das Pult aufgestützte rechte Hand, während seine Linke drei Finger nach vorne schnellen ließ und genau auf sein Opfer zeigte. Und dann wurde man ausgequetscht, wie man so sagt, und dieses Wort trifft es genau. Der Saft, der eigentlich in den Körper hineingehört ist jetzt auf dessen Oberfläche, so wie der Zitronensaft in die Frucht gehört, damit sie nicht ausdörrt.

Andererseits hatten wir auch Lehrer, die von uns nicht einmal großartig bemerkt wurden, traten sie ins Klassenzimmer ein.

So hatten wir Jahre später einen genau gegensätzlichen Deutschlehrer, dessen Unterricht nur darin bestand, am Anfang der Stunde vier oder fünf Rollen zu besetzen, um dann im Wechsel aus dem gelben Reclamheft vorlesen zu lassen. Somit hatten die restlichen Schüler, so auch immer ich, nichts zu tun, das heißt, zu tun hatten wir immer irgendetwas. Wir konnten zum Beispiel darüber nachdenken, was wir morgen, wir hatten ja täglich Deutschunterricht, Sinnvolles anstellen konnten. Berndi besorgte also zwei Packungen Schillingraketen in Oberndorf, da er am wenigsten weit fahren musste. Und sie gingen gut, die Schillingraketen, wir setzten uns in die letzte Reihe, nachdem die Rollen aus dem Reclamheft verteilt worden waren, es fiel ihm, dem Deutschlehrer nicht auf.

Wir stellten die leere Colaflasche auf das Fensterbrett, es passten sogar drei Schillingraketen gleichzeitig in die Flasche. Und es brauchte einige Versuche, bis wir endlich das Fenster, das wir uns ausgesucht hatten, des gegenüberliegenden

Traktes getroffen haben. Aber es funktionierte, Übung macht den Meister, schlugen wir unsere Handflächen aneinander.

Irgendwas riecht hier komisch, bemerkte der Deutschlehrer, wir riechen nichts, sagten seine Schüler. Den Schilling und die D-Mark gibt es nicht mehr und somit auch keine Schillingraketen. Den Euro gibt es noch, trotz der Griechen, die ihn sozusagen versaut haben, die ich aber eigentlich immer am meisten gemocht habe von den sogenannten Südländern, immer bin ich nach Griechenland gefahren, mein erster Urlaub war in Griechenland und mein letzter Urlaub war ein Griechenlandurlaub. Die Griechen sind ein herzvolles Volk, was man, wie so häufig, an den Kleinigkeiten erkennt, im Umgang mit ihren Kindern, im Umgang mit den alten Menschen. Die Griechen, die ich kennengelernt habe, haben den Euro sicher nicht versaut. Wohingegen die Deutschen mir meistens, eigentlich immer, zutiefst zuwider waren, mit ihrer Liegenbelegungsstrategiemanie am Strand oder ihrem Toleranzwahn Ausländern gegenüber, ihrer vorgespielten Freundschaftsverherrlichung, alles in allem ein mir nicht sympathisches Volk. Antifaschistische Nachkriegsreflexe könnten einige Lebensäußerungen der Deutschen erklären, wie ich immer wieder sagte. Den Euro haben sie versaut, die Griechen, aber nur deshalb, weil sie sich von den arroganten Deutschen, die schon immer alles besser wussten, nicht ihren Lebensstil diktieren lassen wollten. Was bilden sie sich eigentlich ein, diese Politiker, die sich hinstellen und Behauptungen aussprechen, nur weil sie selbstbewusst sind und niemals selbstreflektierend, ich mochte immer die unsicheren Schüler am liebsten, die, die an sich und ihren Fähigkeiten zweifelten und weniger die, die gelangweiltselbstbewusst ihre Referate hielten. Ich kann sie schon lange nicht mehr ertragen, diese allwissenden, die Zukunft voraussehenden, nennen wir es HelmuthSphänomen, Politiker und andere Gestalten, Figuren der Weltbühne, mit ihren kurzen und also für auch noch den Dümmsten verständlichen Sprüche, stirbt der Euro, stirbt Europa wurde behauptet, wir schaffen das, wurde aufgefordert, Deutschland muss wettbewerbsfähig sein usf.

Sie waren mir immer die zutiefst Verhassten an Arroganz nicht zu überbietenden, vor den Wahlen jedoch immer eher weniger arrogant, diesmal eher falsch grinsenden, teilweise verlegen grinsenden, weil sie ja ab und zu doch in den Spiegel schauen werden und dem dümmsten Kalb, das seine Metzger selber wählt, zunickenden Volksvertreter, ob auf kommunaler Ebene oder in der Spitzenpolitik. Der Politiker gibt vor, welches der falsche und welches der richtige Weg ist, so wie der Schlachter vorgibt, welche Kälber jetzt in den Abholwagen steigen, auch wenn sie sich noch so wehren. Die meisten wehren sich gar nicht, es wird alles schon seine Richtigkeit haben. Als verlogen, nie den Klartext wählend und opportunistisch würde ich sie bezeichnen. Verhasst waren mir immer auch die Juristen, die, je nach Note im Staatsexamen entweder die Mörder oder die Ermordeten vertraten. Aber nie verstanden habe ich, warum es überhaupt eine Asservatenkammer für unser Rechtssystem gibt, in dem es doch nicht möglich ist, einen, in der Vergangenheit wegen Mangels an Beweisen Freigesprochenen, jetzt aber diesen den Mord beweisen könnenden Verbrecher, einsperren zu können, obwohl die DNA des Mörders eindeutig zuzuordnen ist und also dieser Mörder frei herumläuft, wohingegen sein Opfer seit vielleicht Jahrzehnten im Sarg verfault. Sie nennen es ne bis in idem. Am

Schlimmsten ist es, wenn der Jurist in die Politik hineingeht, und dann noch womöglich Justizminister wird. Oder irgendein anderer Minister, denn sie haben Fähigkeiten, diese Politiker, die normale Menschen gar nicht haben, denke ich mir. Der normale Mensch erlernt einen Beruf, und den übt er dann in der Regel aus. Der, der in die Politik hineingeht, ist mehrfach talentiert. Er kann z.B. als gelernte Hotelkauffrau ins Bildungsministerium hineingehen und Bildungsministerin werden oder als Frau, die nie mit dem sogenannten Großen Gepäck auf den Untersberg steigen musste, bei dem wir aufgefordert worden waren, die Hemdsärmel hochgekrempelt zu tragen, obwohl es sehr kalt war, eben weil Sommer befohlen war, die nie gedient hat, wie man so sagt, Verteidigungsministerin werden, oder innerhalb der Ministerien, je nach Belieben, wechseln. Vom Umweltminister zum Wirtschaftsminister, mir völlig unverständlich, von dort zum Aussenministerium, später dann macht er vielleicht noch eine Wochenendschulung zum Bundespräsidenten.

Die Deutschen wussten immer wo es lang geht, alle Menschen sind gleich, was der größte Unsinn ist, den ich jemals hören musste. Es gibt doch Steinewerfer und solche, auf die Steine geworfen werden, es gibt Maler und solche, denen das Deckweiß seit Jahrzehnten eingetrocknet ist. Innovative Forscherhirne gibt es und dann gibt es die, die Probleme mit der Bedienung eines Smartphones haben. Es gibt nette Menschen und es gibt die Kim-Dynastie in Nordkorea. Es gibt unterschiedliche Schulgattungen für unterschiedlich intelligente Menschen, das ist die Wahrheit. Die Protzer gibt es, die im Dispo leben und die Reichen, die ohne große Worte darüber zu verlieren, anonym spenden. Es gibt Ärzte, die Leben retten und solche, die Brüste vergrößern oder Sommersprossen auftätowieren. Es gibt Menschen, die hektisch und gestresst durchs Leben hechten und solche, die nichts brauchen als auf ihr Meer zu schauen. Und dann gibt es mich und die anderen, die Gesunden. Ist nicht die Vielfalt das, was uns ausmacht, bin ich nicht immer deshalb in andere Länder gereist, um das Andere kennenzulernen und zu respektieren. Aber das hat man uns beigebracht in der Schule, sich nur nicht festzulegen auf eine Meinung, immer zwei Standpunkte zu erörtern, ja nicht seine Meinung als die richtige Meinung anzusehen oder einzustufen, sondern immer auch die Meinung des anderen in Erwägung zu ziehen und auch mindestens so hochzuhalten wie die eigene, also aufgeweicht durchs Leben zu gehen, so meine Sicht der Dinge. Immer zu sagen, Ja, aber. Und gleichzeitig, das sehe ich anders, aber Du hast schon auch recht. Küsschen auf die linke Wange, Küsschen auf die rechte Wange, damit ja nichts falschgemacht wird.

Das Kloster übrigens gibt es nicht mehr, das Gebäude wurde umfunktioniert zu einem Hotel mit angeschlossenem Cafehaus. Alles ist im Fluss, denke ich mir, als ich über die Brücke gehe und mir die Salzach von oben betrachte.

Ich zwinge mich dazu, jetzt nicht auch noch an die Ereignisse während meiner Studienzeit oder die darauf folgenden während meiner Lehrertätigkeit zu denken, denn häufig passiert es mir, dass ich dann stehenbleiben muss, um mir alles ins Gedächtnis zurückzurufen. Denken und gleichzeitig gehen funktioniert oft nicht, wobei es früher genau andersherum war, während des Unterrichtens musste ich oft gehen, vom Fenster des Klassenzimmers zum Waschbecken und dann wieder zum Fenster usf., aber nie von vorne nach hinten, wie mein ehemaliger Religionslehrer, der Herr Pfarrer.

Aber ich will nicht zu spät kommen zum Treffpunkt an der Salzachschleife, also verbiete ich mir, zu denken.

Auf der Brücke begegnet mir eine dreiköpfige Familie, eigentlich eine vierköpfige, aber der Hund wird ja offiziell nicht mitgezählt, was mir eigentlich immer unverständlich war, ist er doch das Zentrum der Familie, der Mittelpunkt sozusagen, der von jedem geliebt wird. Ob der Mann seine Frau noch liebt, denke ich, als ich an ihnen vorbeigehe.

Warum ich den Hugo nicht behalten habe, frage ich mich jetzt, einen Chihuahuamischling, den ich leihweise ausprobieren durfte, zwei Tage lang, weil die Besitzer damit einverstanden waren und sie unbedingt wissen wollten, ob er in gute Hände kommt. Ich war erleichtert, als ich ihn wieder zurückbrachte und gleichzeitig enttäuscht, dass ich mir einen Hund nicht zugetraut hatte. Aber die kurze Fahrt im Auto, als ich den Hugo abgeholt habe, war für mich schon eine Überforderung, irgendwie hat er sich aus seiner Transportbox befreit und ist also, klein und zerbrechlich wie ein Mäuschen, neben mir, unangeschnallt auf dem Beifahrersitz gesessen, war nervös, fast so wie ich, hat links und rechts mal mich mal die Landschaft beobachtet, ich bin also mit ca. zehn Stundenkilometern zu mir nach Hause gefahren, die mir hinterherfahrenden Autos waren mir egal, aber selbst diese geringe Geschwindigkeit war riskant, bei einer Vollbremsung hätte es den Hugo gegen die Windschutzscheibe geschleudert und er hätte sich sicherlich schwer verletzt, was ich mir nie verziehen hätte. Sogar in die Schule, in den Unterricht hätte ich ihn mitnehmen dürfen, erlaubte es mein damaliger Schulleiter, ein Schulhund wäre sicher eine Bereicherung für die

Schule. Wahrscheinlich meinte er meinen Unterricht.

Aber aus heutiger Sicht, so denke ich, hat es auch etwas Gutes, dass ich den Hugo nicht behalten habe, denn ich habe mir die Trauer des Verlustes erspart, der Hund wäre schon vor langer Zeit gestorben, nein, er ist natürlich bereits vor langer Zeit gestorben, weil die Natur dies so vorsieht, dass man stirbt, nachdem man geboren worden ist. Aber ich musste diesen Moment des Sterbens, womöglich mit vorausgegangenem Leidensweg und also einer für den Hundebesitzer unerträglichen Zeitspanne, nicht am eigenen Leib erleben. Auf der anderen Seite, so denke ich, ist mir dadurch auch viel Freude entgangen, man bereut eigentlich immer die Dinge, die man nicht getan hat, denke ich mir.

Eine Frau schiebt einen völlig überladenen Kinderwagen vor sich her, ich muss ihr ausweichen, weil die Gehwege der Salzachbrücke sehr schmal sind, warum muss eigentlich immer ich den anderen ausweichen. Über dem Kind schweben ein rotgelber Billa-Luftballon und ein pinkfarbener Sonnenschirm, wohl ein Mädchen, oder ein Junge, der ein älteres Schwesterchen hat, im Korb liegen geschätzt hundert verschiedene Teile, Sandkastenspielzeug, Nahrung, Reinigungstücher usf.

Ich denke daran, dass ich mir einmal vornahm, nur noch hundert Teile zu besitzen.

Wer braucht schon ein Nudelsieb, dachte ich damals, man könne ja auch das Nudelwasser abgießen, indem man den Deckel ein wenig zurückschiebt, braucht man zehn verschiedene Küchenmesser, wer braucht schon all das, was die Wohnung vollstopft. Warum ist jede Wohnung vollgestopft, denke ich, wo werden die ganzen Teile aus meiner Wohnung landen.

Ich erinnere mich an einen Schüler, der mich einmal fragte, ob denn eine Schachtel mit fünfzig Reißnägeln als ein Teil oder fünfzig Teile angesehen würde. Ich sagte ihm nicht, dass es strenggenommen einundfünfzig Teile sind, weil ja die Schachtel auch zählt.

Jetzt sehe ich ihn, den Freund, der immer pünktlich, ja sogar überpünktlich zum verabredeten Ort kommt, immer ist er schon vor mir da, oder wir erscheinen gleichzeitig, eine alte Lehrerkrankheit womöglich.

Immer dieses Pflichtbewusstsein, das einem langfristig überhaupt nichts einbringt. Andererseits denke ich, ist es schön, einen zuverlässigen Freund zu haben, also bringt die Pünktlichkeit doch auch irgend etwas.

Ich denke an andere Bekannte oder sogenannte Freunde, die immer zu spät kamen, grundsätzlich, sie haben es sozusagen zelebriert, das Zuspätkommen. Hektisch taten sie immer, Entschuldigung, sagten sie dann, aber sie hätten noch dies und das erledigen müssen usf. Dadurch wurde mir zu Verstehen gegeben, dass meine Zeit nicht den Wert hat wie die ihre. Der, der wartet unterwirft sich rangmäßig immer dem, der warten lässt. So erging es mir immer auch bei meinen zahlreichen Arztbesuchen. Höflicherweise kommt der Patient ein paar Minuten vor seinem, vor Monaten vereinbarten Termin, wird dann ins Wartezimmer gebeten, wo, außer bei Ärzten, gibt es eigentlich ein Wartezimmer mit so vielen Stühlen, fällt mir auf, um dann mehrere Wartende vorzufinden. Wie soll sich das ausgehen, denkt man sich, ein Arzt und zehn Wartende. Für den Arzt ist es ideal, er muss nie warten auf einen Patienten, das wird es noch nie gegeben haben, dass ein Arzt auf seinen Patienten wartet. Denn jede Minute eines Arztes ist ja viel kostbarer als jede Stunde seines Patienten. Aber ob sie sich so einen großen Gefallen tun, immer unter Zeitdruck zu arbeiten, weil das Geld anscheinend hinten und vorne nicht ausreicht, wenn man als Arzt arbeitet, diesen Druck möchte ich nicht aushalten müssen. Wahrscheinlich hat sich der Arzt überlegt, dass, wenn er schon ein Wartezimmer hat, er dieses auch mit Stühlen vollstopfen kann, eben so vielen Stühlen, wie genau hineinpassen, und dann müssen natürlich diese Stühle auch optimal genutzt werden, indem man sie maximal auslastet, so wird es wohl sein.

Nach über einer Stunde des Wartens fragte ich bei einem schon lange zurückliegenden Arzttermin eine Sprechstundenhilfe, was für eine eigenartige Berufsbezeichnung, warum denn zwölf Stühle im Wartezimmer stünden, obwohl es doch nur einen Arzt gäbe. Sie könne auch noch einen weiteren Stuhl organisieren, falls ich keinen Platz fände, war ihre Antwort. Sinnlos, noch weiter zu diskutieren, dachte ich damals, und ging einfach. Aber auch damals musste der Arzt sicher nicht auf seinen Patienten warten. In der Regel wartet man schließlich doch im Wartezimmer lesend, wobei dieses Lesen an sich kein Genusslesen ist, da man ja mit mindestens einer Gehirnhälfte daran denkt, welches Ergebnis denn heute herauskommen wird nach dem Ultraschall und der Blutprobe, dem Labor, wie sie sagen.

Die Kunst des Müßiggangs von Hesse, denke ich mir, ist ein gutes Buch. Ich würde es nicht unbedingt auf eine einsame Insel mitnehmen, überlege ich, was würde ich auf eine einsame Insel mitnehmen, sicher keine hundert Teile, vielleicht zehn, neun Bücher und eine Badehose. Holzfällen von Thomas Bernhard auf jeden Fall oder doch besser seinen Briefwechsel mit Siegfried Unseld. Oder beide. Parerga und Paralipomena II, auf keinen Fall I, oder vielleicht doch beide. Die Wiederholung von Handke muss mit, genauso wie Menschliches, Allzu Menschliches. Hiob von Roth und unbedingt Schiffbruch mit Tiger und unbedingt Die Reise mit Charly oder noch besser Von Menschen und Mäusen. Eine Sonnencreme brauche ich auch, fällt mir gerade ein, dafür streiche ich Zweigs Ungeduld des Herzens, das ich eigentlich auch unbedingt mitnehmen wollte. Ich darf ja bloß zehn Teile mitnehmen, so die Vereinbarung mit mir.

Was ich auf keinen Fall mitnehme ist die Bibel oder das Grundgesetz, denke ich. Alles antiquierter Hirnmüll von Säugetieren, der schon lange keine Gültigkeit mehr hat. Eigentlich ist es egal, denke ich mir, ob ein Joghurt tausend oder fünfzig Jahre abgelaufen ist, er hat in jedem Fall sein Datum überschritten und ist also heute, genau um fünfzehn Uhr ungenießbar.

„Uns geht's doch gut, sagten die Gänse vor Weihnachten" ist sein Kommentar, als er mich kommen sieht. Hans war und ist der größte Zyniker des Jahrhunderts, ich kenne keinen größeren Pessimisten, außer den Vater vielleicht, aber er, Hans, war und ist ein Genussmensch und lebt sehr gerne, gönnt sich und vor allem anderen Menschen alles, also ein Zyniker und Hedonist in einer Person. Ich mag ihn nicht nur wegen dieses Widerspruches.

„Ein Tag ohne Wein ist wie ein Tag ohne Bier" sagt er und streckt mir die gleichzeitig geöffnete Dose entgegen, ich mag das Geräusch des Dosenaufknackens, das Zischen, „es geht doch nichts über ein Sechzehnerblech". „Ein Brokkoli-Sauerkraut-Smoothie wäre mir lieber", sage ich „lass uns auf die Zukunft anstoßen, oder besser auf uns, das macht mehr Sinn".

Ich setze mich auf den zweiten Campingstuhl und denke, ich lasse ihn erst einmal reden, seine

Weisheiten verbreiten, die eigentlich immer die Weisheiten anderer sind. Entweder er wußte sie auswendig oder schlug sein schwarzes Notizbüchlein auf, eine bestimmte Stelle, die er nicht lange suchen muss, aber ich kenne bereits all seine Zitate, dennoch ist es immer wieder und gerade heute ein Vergnügen, ihn dabei zu beobachten, wie er die passende Stelle sucht und dann sein hämisches Grinsen zu sehen bevor er vorliest. Wir hatten und haben immer die gleiche Einstellung Politikern, Juristen und Künstlern gegenüber, die in London in einer Villa leben und auf der Couch während einer Talkshow die deutschen Steuerzahler auffordern, mehr zu tun, mehr Toleranz, nein besser Akzeptanz zu üben, weil sie ja nicht in den Brennvierteln in Duisburg, Köln oder Berlin leben müssen. Nennen wir es HerbertGsyndrom. Oder nennen wir es OskarLsyndrom. Ich erinnere mich an einen Monolog, in dem er, Hans, sagte, alle Politiker dieser Welt gehörten auf eine einsame Insel verbannt, samt Verwandtschaft, dann müsste man Neuwahlen ausrufen und alle, die sich eifrig in Listen aufnehmen ließen und freiwillig meldeten, sofort auch auf diese Insel schicken, die knapp über dem Meeresspiegel liegt. Da könne man nichts falsch machen, sagte er damals. Er nannte es Scheinwahlen, das waren seine Worte.

Jetzt kommt gleich Nietzsche, denke ich und er sagt:

„Zusammengefasst sagt Schopenhauer, alle Religion steht im Antagonismus mit der Kultur, der Glaube ist wie die Liebe, er läßt sich nicht erzwingen. In frühern Jahrhunderten war die Religion ein Wald, hinter welchem Heere halten und sich decken konnten. Aber nach so vielen Fällungen ist sie nur noch ein Buschwerk, hinter welchem gelegentlich Gauner sich verstecken. So ein Gott, der diese Welt der Not und des Jammers hervorbringt und dann noch gar sich selber Beifall klatscht, das ist nicht zu ertragen. Er läßt die Fehltritte, oder sogar den Unglauben, eines oft kaum zwanzigjährigen Lebens durch endlose Qualen büßen und es kommt hinzu, dass diese fast allgemeine Verdammnis eigentlich Wirkung der Erbsünde und also notwendige Folge des ersten Sündenfalles ist. Diesen nun aber hätte jedenfalls der vorhersehen müssen, welcher die Menschen erstlich nicht besser, als sie sind, geschaffen, dann aber ihnen eine Falle gestellt hatte, in die er wissen mußte, dass sie gehen würden, da alles miteinander sein Werk war und ihm nichts verborgen bleibt. Endlich kommt noch hinzu, dass der Gott, welcher Nachsicht und Vergebung jeder Schuld, bis zur Feindesliebe vorschreibt, keine übt".

Ich sehe auf die Steine des Salzachufers und diese Steine erinnern mich an die Steine am Strand von Nizza. Ich bin in einem meiner schon lange zurückliegenden Kurzurlaube und sehe alles vor mir, die Menschen, wie sie das schöne Wetter, den Kaffee und ihre mitgebrachten Baguettes und Sandwiches genießen. Ich denke an den Hinflug, wie gerne bin ich immer mit der Lufthansa geflogen. Fliegen war mir immer das allergrößte. Damals in Nizza war es nur einige Wochen her, dass ein Anschlag während des französischen Nationalfeiertages mit einem LKW war, die Toten und Verletzten sind weggeräumt, dachte ich damals und denke ich jetzt, das Blut mit Dampfhochdruckreinigern beseitigt, sechsundachtzig Menschen hat dieser Selbstmordattentäter ermordet, tausende traurige Angehörige und über vierhundert Verletzte hat er zu verantworten, ob er mit seinen zweiundsiebzig Jungfrauen zufrieden ist, da wo er jetzt ist, frage ich mich. Die Verletzten, vielleicht wieder körperlich genesen und Angehörigen werden wohl immer noch in psychologischer Behandlung sein, besser in psychiatrischer, was können denn schon die Psychologen, hinter die Stirn schauen sicher nicht, wohingegen die Psychiater wenigstens befugt sind, das Hirn durch Chemikalien ruhigzustellen, den Menschen sozusagen in einen Dämmerzustand hineinzuversetzen, man findet heraus, dass die Kindheit eine schreckliche war, obwohl ja jede Kindheit eine schreckliche ist, also muss es im Falle des Mörders eine noch schrecklichere Kindheit gewesen sein. Und für die Angehörigen der Ermordeten bleibt dem Psychiater wenigstens die Verordnung von Lorazepam, einem Benzodiazepin, ein angstlösendes, sedierendes schlafförderndes Arzneimittel. Helfen können sie dir nicht, aber behaupten können sie es. Fragebögen können sie dich ausfüllen lassen, die sie dann in einen Akt abheften, einen Akt anlegen, das können sie, aber keiner kann in ein Hirn hineinschauen, aber jeder Psychologe wird behaupten, dass er aufgrund seiner Universitätsausbildung in der Lage ist, die Psyche ins Positive zu befördern, nennen wir es Parkuhrmiettherapie.

Selbst muss man sich helfen, die anderen helfen dir nur gegen Bezahlung, in genau vorgegebener

Zeit, was eine freiwillige, gewollte und sinnvolle Auseinandersetzung mit dem Gegenüber im Grunde genommen deswegen schon ausschließt. Der entscheidende Satz des Patienten kommt oft nicht mehr, weil die Zeit fehlt. Wir sehen uns dann wieder in vier Monaten.


Die Religionsfreiheit ist ein hohes Gut, wurde einmal aufgeschrieben, jeder Mensch habe den gleichen Wert, sagt man. Auch ein Mensch, der einen sogenannten erweiterten Suizid begeht und einhundertneunundvierzig Menschen mit einem Flugzeug in ein Bergmassiv lenkt. Das Wort „erweiterter Suizid" ist ein für die Angehörigen unerträgliches, „widerwärtiger Mehrfachmord" würde ich sagen, trifft es besser. Aber auch ein Mehrfachmörder ist ein Mensch, dem, wie den von ihm Ermordeten, auch eine Kerze angezündet wird in der Kirche, von einem sogenannten Bundespräsidenten. Es brennen also einhundertfünfzig Kerzen. Und die Eltern des Massenmörders würden eine ganz andere Einstellung zu der Person, die sie den Sohn nennen, einnehmen, wäre es nicht ihr Sohn. Am liebsten wäre es ihnen wahrscheinlich, dass sich herausstellt, dass es gar nicht ihr Sohn war, der einhundertneunundvierzig Menschen ermordet hat, weil er nach der Geburt versehentlich vertauscht worden ist mit dem anderen Neugeborenen auf der Säuglingsstation. Sie würden genau gegenteilig denken, wären sie nicht seine Eltern, denke ich. Alles würden sie dafür geben, nicht die Eltern dieses Mörders zu sein. Ich erinnere mich an eine Berichterstattung über einen Mann, der seine Mutter, seine Ehefrau und seine Tochter, alle drei mehr oder weniger gleichzeitig, auf einen Schlag verloren hat. Wegen eines Massenmörders, der eine Psychologin nicht in sein Hirn hineinschauen ließ und sie, die Psychologin deshalb machtlos war, ein zutreffendes psychologisches Gutachten zu erstellen. Wegen eines Massenmörders, den aber Gott auch liebt, denn Gott verzeiht alles und liebt jeden.

Nur mich offensichtlich nicht, obwohl ich mich immer bemüht habe, freundlich und höflich zu sein zu meinem Gegenüber, aber die schlimmsten Charakterzüge haben sich oft in einer Person vereinigt oder in unterschiedlichen, aber irgendetwas hat mich immer gestört, man könnte sagen, ich bin ein Pessimist.

Dass der Mensch täglich hunderte Male lügt ist wohl aus evolutionsbiologischer Sicht für ihn ein Vorteil, genetisch verankert sozusagen, da kann man wenig machen, nur durch Mutationen im Erbgut auszumerzen ist das. Du sollst nicht lügen ist eines der Zehn Gebote, seinerzeit mussten das Lügen und Belogenwerden wohl schon eine große Belastung für die Menschheit gewesen sein, wer sich ins Wahlprogramm ein christlich, also auch Du sollst nicht lügen hineinschreibt, der sollte sich auch dementsprechend verhalten. Viele Lügen müssten von Seite der Kirche doch spätestens heute zugegeben und nicht vehement verteidigt werden. Jesus ist an einem Holz gekreuzigt worden, dessen Alter auf das Mittelalter datiert worden ist, ähnlich verhält es sich mit seinem angeblichen Grabtuch. Tausende Kirchen und Wallfahrtsorte schmücken sich damit, ein paar Holzteilchen des Christuskreuzes zu besitzen, das gar nicht das Christuskreuz ist. Die Radiocarbonmethode der Chemiker nimmt euch die letzte Glaubwürdigkeit, denke ich häufig. Religionswissenschaftler, die eigentlich Religionsglaubenschaftler heißen müssten haben noch nie die Beweise der Naturwissenschaftler widerlegen können, aber im umgekehrten Fall häuft es sich.

Du sollst nicht geizig sein wäre eines meiner Zehn Gebote. Und ich würde dieses Gebot an die Frontscheibe jedes Flugzeugs kleben, zwei mal pro Flugzeug, einmal links für den Kapitän und einmal rechts für den First Officer. Ich erinnere mich an einen Piloten, bei dem ein Gespräch nur dann flüssig wurde, wenn es um Geld, Einsparmöglichkeiten oder Anlageinvestitionen ging. Wahrscheinlich reicht das Geld auch in diesem Beruf hinten und vorne nicht.

„Zwei Menschen müssen sich ein Schnitzel teilen", so der Beginn seines geplanten Dialogs.

„nehmen wir an, wir zwei. Welche Hälfte würdest Du nehmen", fragte er mich.

„Na, die mit weniger Fett, wenn das geht", sagte ich.

„Nein", sagte er, „ich meine, die größere oder die kleinere Hälfte".

„Zwei Hälften sind immer gleich groß", antwortete ich und ich wußte, auf was er hinaus will und fragte noch so, dass er eigentlich verstehen müsste, dass mich dieses Thema prinzipiell nicht im geringsten interessiert:

„Schweineschnitzel oder Kalbsschnitzel?"

Er sah nicht, dass mir die Diskussion unangenehm war.

„Gut", sagte er, „der eine teilt, der andere wählt, das ist doch gerecht. Ich teile, Du darfst wählen", sagte er noch.

Dann müsse eben ganz gerecht geteilt werden, meinte ich. Das ginge nie, sagte er. „Gut, dann nehme ich den kleineren Teil", sagte ich, um endlich zum Ende zu kommen.

„Siehst Du und ich habe dann die größere Hälfte, jeder hat doch dann, was er will", grinste er, den Mund breit, mir zunickend, mich zum Nicken auffordernd.

Das geht sich nie aus mit einer Freundschaft, dachte ich damals auf dem Weg nach Hause. Das letzte Hemd hat keine Streifen, weder drei des First Officer, noch vier des Kapitäns, hätte ich noch sagen sollen, es fiel mir aber in dem entscheidenden Moment nicht ein, wie es mir häufig in meinem Leben passiert ist, dass mir erst nachts einfällt, was ich hätte sagen sollen.

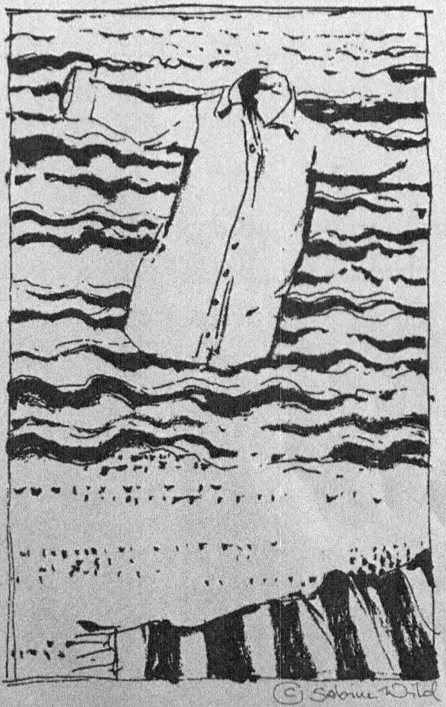
© Sabine Wild

Sie könnten sich ja schon zu Lebzeiten ihren Sarg aus Edelhölzern aussuchen, vielleicht ein edles Mahagoni oder doch geschütztes Holz, Brazilian Rosewood, was das ganze noch wertvoller macht. Oder eines, in das die Würmer und andere Invertebraten nicht so schnell eindringen können. Dann bleibt er länger erhalten, dieser durchaus wertvolle Menschenkörper. Die Wahrheit ist allerdings, dass der Körper nicht von Würmern etc. die in der, den Sarg umgebenden Erde leben, zersetzt wird, sondern von den bereits im Körper und um den Körper herum vorhandenen Bakterien und Pilzen, die zunächst, wenn das biologische Gleichgewicht stimmt, in Symbiose mit einem leben und dann aber den Parasitismus als einfachere Lebensform und - strategie wählen. So wie im zwischenmenschlichen Bereich dies häufig der Fall ist, so meine persönliche Erfahrung.

„kommt es heraus, als hätte der liebe Gott die Welt geschaffen, damit der Teufel sie holen solle, wonach er doch viel besser getan haben würde, es sein zu lassen."

Hans ist noch immer begeistert von Texten, die er schon dutzende Male gelesen hat. Einfach, weil sie gut sind, sagt er immer.

Ich unterbreche ihn. „Weißt Du, was mir gestern in der Stadt passiert ist?" Ohne auf sein Nein zu warten erzähle ich von den Salafisten, die nach längerem Verbot jetzt über mehrere Instanzen hinweg geklagt und also in unserem Rechtsstaat gewonnen haben und also ihre LIES!-Aktion wieder durchführen dürfen. „Ja, ja, lies, englisch für Lügen" sagt Hans. „Ich nahm mir also ein Exemplar des Koran mit und fuhr nach dem Einkauf einiger Kleinigkeiten nach Hause, um darin zu blättern. Und, falls es richtig übersetzt ist, dachte ich auf Seite ca. sechzig, dann muss ich nochmal zurück in die Fußgängerzone, zum Verteilerstand. Ich nahm das Rad, weil ich so aufgewühlt und voller Gegenargumente war, normalerweise gehe ich, trotz der Blähung, zu Fuß. Sie bauten sich zu dritt vor mir auf und grinsten mich freundlich an, ich fragte zuerst, warum denn die Ungläubigen verfolgt und getötet werden müssten, kämen sie doch ohnehin in die Hölle, wohingegen sie, die Koranverteiler, im Himmel, im Paradies ihr Glück fänden, jeder könne sich doch aus dem Weg gehen, so waren meine Worte in etwa. In ihrem gebrochenen Deutsch verstand ich nicht, was sie sagen wollten, oder sie verstanden mich nicht, mir war es auf alle Fälle wichtig, mit ihnen zu reden um vielleicht das ein oder andere nachvollziehen zu können. Als ich nicht nachließ", ich hätte besser gehen sollen, das weiß ich jetzt und wusste es auch gestern, „kam ein Verteiler, der gerade einen Karton aufschlitzte von hinten, der kann meine Sprache, so dachte ich, der würde verstehen, was ich meinte. Ich wiederholte meine Frage, warum denn aus seiner Sicht keine Koexistenz zwischen Gläubigen und Ungläubigen möglich sei. „Weil es im Koran steht" war seine Antwort, er drehte sich weg, schlitzte einen weiteren Karton auf, ich stieg aufs Fahrrad und dachte beim Nachhausefahren, hoffentlich finden sie nicht heraus, wo meine Wohnung ist."


Hans öffnet zwei Dosen Ottakringer und sagt: „Ja,ja, wir werden beide in der Hölle schmoren, aber immer noch besser als zwischen Pharisäern und Schriftgelehrten zu frohlocken, was meinst Du? Gott ist tot", legt er nach,
 „wahrscheinlich hat er sich anständigerweise umgebracht. Oder ist von einem anderen Gott geköpft worden, die Theologen forschen noch, kann noch eine Weile dauern, bis sie es wissen".

„Hör Dir besser das an, eine alte buddhistische Weisheit von Laotse:

*Ein weiser alter Mann, der eine ungeheuere Ruhe ausstrahlte, wurde von einem anderen geplagten Menschen gefragt:*
  *Wie machst Du das, immer so ruhig zu sein?*

*Ganz einfach, antwortete der Weise, wenn ich schlafe, schlafe ich, wenn ich aufstehe, stehe ich auf, wenn ich gehe, gehe ich, wenn ich esse, esse ich, wenn ich arbeite, arbeite ich, wenn ich höre, höre ich, wenn ich spreche, spreche ich!*
  *Wie, das verstehe ich nicht! Das tue ich auch! Trotzdem bin ich so nervös.*

*Nein, Du machst es anders:*

*Wenn Du schläfst, stehst Du schon auf, wenn Du aufstehst, gehst Du schon, wenn Du isst, arbeitest Du schon, wenn Du hörst, sprichst Du schon!*

Ich denke, genau so ist es, mein Leben findet immer in der Zukunft statt. Was wird sein, wird alles gutgehen. Als ich vor langer Zeit noch starker Raucher war, dachte ich während des Essens bereits an die Zigarette nach dem Essen, dann, während der Zigarette an den Abwasch. Als ich damals mit meinem Wohnwagen nach Kreta aufbrach, dachte ich auf der Autobahnauffahrt bereits an den Zwischenstop in Italien, dort angekommen an die bevorstehende Fahrt auf der Fähre, während der Schiffsreise an die Ankunft usf. Es war teilweise so unentspannt, dass ich bereits eine Woche vor Rückreise dachte, wie wohl die Fahrt werden würde, ob alles gutgehen wird und was alles passieren könnte. Oder ich lebte in der Vergangenheit, dachte an die Schulzeit und mir wurde bewusst, dass im Nachhinein die Schule gar nicht so schlecht war, aber ich damals sehr vieles nur mit Abscheu und einem Ekelgefühl erlebt habe. Warum bin ich überhaupt Lehrer geworden, denke ich, als ich Hans dabei beobachte, wie er ein größeres Stück Holz aus dem Fluss herausfischt. Heute gibt es gutes Holz, nach dem Sturm von gestern.

„Dass man nicht ein mal seine Ruhe hat", meint er, und wir beide schauen zu der Gruppe spielender, lärmender Kinder.

Hans war früher Lehrer, aber nachdem er während seines Referendariats in München immer bereits nach der ersten Stunde nassgeschwitzt und später als Studienrat immer zu milde und zu nett zu den Schülern war und also Probleme mit der Schulleitung bekam, schmiss er hin. Wir hatten mittlerweile eine stark ausgeprägte Pädophobie.
„Keine Erziehung mehr, nur laut", sagt er, greift in die Kühlbox und holt zwei Dosen heraus.

„Es sind ja auch keine Eltern dabei", sage ich. „Na klar, weil beide arbeiten müssen", sagt er. „Ist oft besser für die Kinder", sage ich. „Werden eh nur falsch erzogen, seit wir beide nicht mehr als Lehrer arbeiten".

Es handelt sich um eine Gruppe von sieben, acht Kindern, „ab vier Stück verliert man den Überblick", meint er. Einige spielen mit einem Ball, andere werfen flache Steine in die Salzach, die oft mehrmals wieder auftauchen, um dann am Ende abzusinken. Ein Hund ist dabei. „Der Hund gefällt mir", sage ich. „Katzen sind besser", sagt er, das ewige Thema, denke ich. „Ich finde Hunde besser." „Das kannst du doch gar nicht beurteilen, du mit deiner halben Katze, deiner Zugehkatze". Seit vielen Monaten besucht mich täglich eine Katze, sie gehört mir nicht, er nennt sie halbe Katze oder Zugehkatze, aber eigentlich heißt sie Mizizipfl.

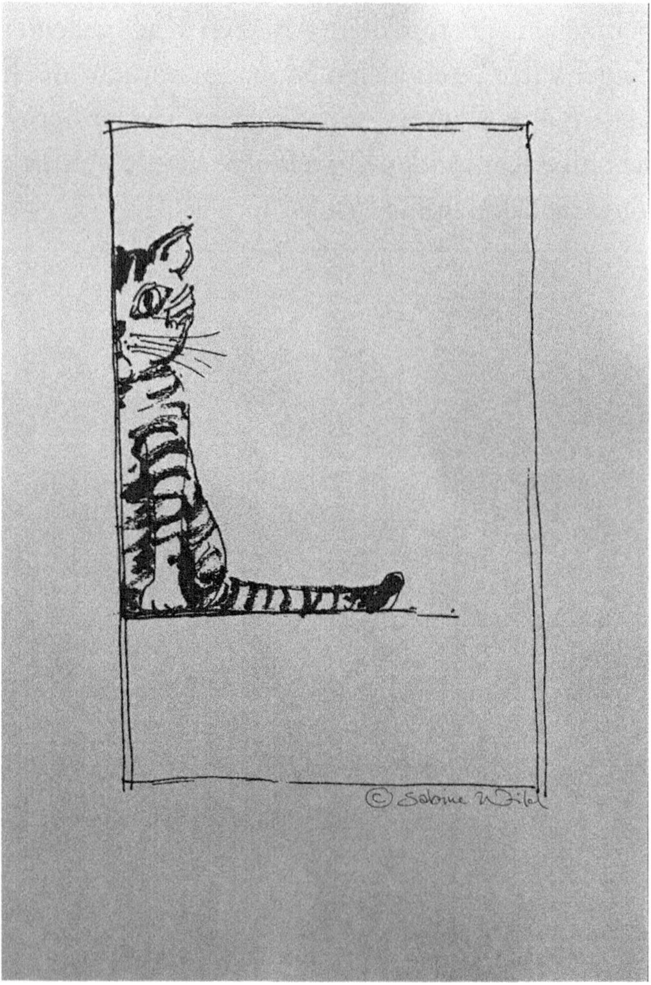

„Katzen sind intelligenter als Menschen", sagt er, „oder kennst du eine Katze, die sich freiwillig in die Luft sprengt?" „Nein, und Hunde kenne ich auch nicht, die das tun", sage ich.

„Und was ist mit Sprengstoffhunden", sagt er und ich bemerke, dass ihm dieser Sparwitz peinlich ist, also wechsele ich das Thema und sage:

„Weißt du eigentlich, dass ich einmal einen Kollegen hatte, der nicht einmal Thomas Bernhard kannte? Na ja, man kann ja nicht jeden dahergelaufenen Schriftsteller kennen", so Hans, ein großer Bernhardliebhaber.

„Aber er war Deutschlehrer an einem bayerischen Gymnasium", betone ich, „das ist, als würde ein Englischlehrer sagen, Shakespeare, Shakespeare?, ich trinke nur Helles".

Sparwitz gegen Sparwitz, aber häufig im Leben denke ich, manches mal ist es besser, irgendetwas zu sagen, als schweigend nebeneinander zu sitzen. Das ist natürlich die Königsklasse, neben jemandem zu sitzen, mit dem man schweigen kann. Und in einen Fluss schauen oder ins Meer. Neben jemandem zu sitzen, mit dem man reden kann, ist relativ einfach. Man redet über das, was einen bewegt, der andere redet über das, was ihn bewegt, in der Regel hört der eine dem anderen gar nicht wirklich zu, so meine Erfahrung.

Jemanden zu haben, mit dem man schweigen und reden kann, und zwar wohl dosiert, das ist die Kaiserklasse.

Aber das hatte ich mit Hans nicht, so weit waren wir nicht, obwohl wir uns gegenseitig durchaus als Freunde bezeichnet hätten, aber der Begriff scheint mir schon seit Jahren, seit Jahrzehnten als überstrapaziert oder eher missbraucht, ein ehemaliger Kollege hatte einmal gesagt, er habe dreihundertachtundfünfzig Freunde auf seinen dreißigsten Geburtstag eingeladen, schade, dachte ich, noch sieben mehr, und er könnte ein ganzes Jahr lang jeden Tag mit einem andern Freund verbringen und dann wieder von vorne anfangen. Alle vier Jahre kann er sich einen Tag ausruhen.

Meine Feiern, die ich nie hatte, wären immer daran gescheitert, dass ich nicht zu dritt oder viert einen Geburtstag feiern wollte, warum soll man überhaupt einen Geburtstag feiern, dachte ich immer und denke ich heute noch. Ein Freund, so denke ich, ist jemand, dem ich eine Niere spenden würde, aber ich würde von dem Freund, im umgekehrten Fall, auf gar keinen

Fall eine annehmen. Obwohl, wenn es darauf ankommt.

Ich hatte in meinem Leben eigentlich nur zwei Menschen, mit denen ich über alles reden konnte, wie man so sagt, neben denen ich schweigend sitzen konnte ohne dass es peinlich wurde und denen ich fasziniert zuhörte. Aber zwei Menschen, das ist schon viel und für mich völlig ausreichend, denke ich, als ich Hans dabei beobachte, wie er eine Stelle in seinem schwarzen Büchlein sucht. Heute hat er keinen guten Tag, normalerweise weiß er genau, wo was steht. Heute ist irgendwie ein eigenartiger Tag, so mein Gedanke, wahrscheinlich liegt es am Mond.

„Weißt du, was mir heute wieder durch den Kopf ging", frage ich, ohne auf die Antwort zu warten, „wieder dieses Adam-Eva-Problem. Es wird doch gerne behauptet, dass wir Menschen, beinahe neun Milliarden mittlerweile, alle im Grunde genommen von zwei Urmenschen abstammten. Ich sehe das genau anders. Nehmen wir dich", sage ich zu Hans.

„Du hast zwei Eltern, eine Mutter, einen Vater".
„Hatte" sagt Hans. „Deine Mutter wiederum hat zwei Eltern, dein Vater auch, also vier Großel-

tern, und die wiederum auch, acht Urgroßeltern usf. Also gibt es ja, alleine von dir aus betrachtet, unendlich viele Vorfahren, verstehst du mich", frage ich ihn. Zur Verdeutlichung zeichne ich mit einem Holzstecken in eine von Steinen ausgesparte Sandstelle eine auf dem Kopf stehende Pyramide. „Du vergisst den Inzest", sagt er, „schau dich doch alleine in unserem Kaff um, alles inzestuös. Außerdem", so seine Worte, „waren meine Vorfahren allesamt Lemuren, Du weißt, was ich von meinem Großvater halte, aber lassen wird das."

„Schreibst Du immer noch an dem Buch, diesem Palmendieb?"

„Ja, genau genommen am Palmenwurm", sage ich, eher enttäuscht, dass er sich den Titel nicht gemerkt hat.

„Schreib unbedingt das eine von der einen", sagt Hans, „weißt schon, von der mit der Teilprothese, die sie beim Geschirrabwaschen verloren hat und dann der ganze Campingplatz dachte, hoffentlich finde ich die Prothese nicht, weil die ist sicher voller Essensreste".

„Momentan schreibe ich über den Alfred. Alfred kam jedes Jahr zur gleichen Zeit an seinen angestammten Platz, allerdings nicht in die erste Reihe, in die alle Camper immer wegen des Meerblicks gedrängt haben, sondern lieber nach ganz hinten, wie er immer sagte, da habe er mehr Platz, da könne er sich ausbreiten. Er fuhr, trotz seiner damals schon über achtzig Jahre nonstop von Hamburg bis Ankona und dann mit den Fähren bis Kreta. Beide Achsen seines T4 hatten knapp Bodenkontakt, denn er musste auch im Urlaub immer alles griffbereit haben, so seine Worte. Seine Frau schmiss immer heimlich seine Sachen weg, wenn er in voller Montur inklusive Helm beim Surfen war. Einmal, so erinnere ich mich, wollte ich mir von ihm einen Schraubenzieher ausleihen, blieb aber stehen, so dass er mich nicht bemerkte, ich ihn aber beobachten konnte. Er hat seine gesamte Wäsche von der Leine genommen und auf zwei Stühlen aufgetürmt. Nach und nach füllte sich die Wäscheleine mit vergilbten Straßenkarten, mehreren Dutzend, so meine Schätzung und als ich zu ihm hinging, weil es ihm offensichtlich überhaupt nicht peinlich war, alte ADAC-Straßenkarten zu trocknen, fragte ich ihn, von wann die denn seien und ob er die überhaupt noch brauche, er habe doch ein Navi an Bord.

Moment, sagte er, ich schau mal, 1979 die eine hier, 1981 die daneben. Das alles, ich erinnere mich gut, war im Jahre 2018, weil das damals das letzte Campen auf diesem Platz war. Eigentlich war es egal, dass die Beziehung, also die Ehe bei unserem letzten Campingurlaub in die Brüche ging. Sie wäre auch davor oder danach kaputtgegangen. Und sie ist natürlich nicht am Joghurtbecher zerbrochen, sie könne dieses Geräusch nicht ertragen, wenn ich die letzten Reste aus dem Joghurtbecher herausgekratzt habe, sie bekäme eine Gänsehaut, ich solle es bitte endlich unterlassen. Eine Beziehung scheitert doch nicht an einem Joghurtbecher, oder, wie man so klassisch sagt, an der nicht zugeschraubten Zahnpastatube. Eine Beziehung scheitert schleichend, immer weniger Aufmerksamkeit schenkt man, man denkt, der heutige Tag ist ja wie der von gestern, gestern hat alles noch funktioniert, also funktioniert es auch heute wieder und morgen usf.

Wegwerfen kommt nicht in Frage, sagte Alfred, grundsätzlich nicht, kurz vor dem Urlaub habe er seinen alten Samsonitehartschalenkoffer übers Internet verkauft, was gar nicht so einfach gewesen wäre, weil die Post für das Versenden eines Koffers achtzehn Euro verlangt hätte, bei einem Verkaufspreis von zwanzig Euro kein großartiges Geschäft, verzweifelt habe er einen entsprechenden Karton gesucht, weil dann der Koffer als Paket und also für acht Euro versandt werden könne. Er sei dann in Hamburg zufällig an einem Sportgeschäft vorbeigefahren, in dessen Hinterhof er genau diesen passenden Karton vorfand, in den Laden hineinging mit den Worten Geschäft machen sie mit mir keines und ob er den Karton haben könne und ob der Verkäufer vielleicht noch einen Karton in genau der Größe irgendwo herumliegen habe. Er dachte daran, in diesem Fall dann auch noch seinen zweiten Samsonitehartschalenkoffer im Internet anzubieten. In der Summe habe er ein großartiges Geschäft gemacht, als ehemaligem Studiendirektor gehe es ihm, so seine Frau, die während des Gesprächs dazugekommen war, natürlich nicht ums Geld, es sei ein reiner Zeitvertreib."

„Das war", sage ich zu Hans, „die Kretaphase, wie Du weißt. Aber beim letzten mal Hinausfahren aus diesem geliebten Platz, als ich mir vornahm, nie wieder einen Fuß auf diese Insel zu setzen, habe ich ihm nicht den Mittelfinger gezeigt, dem Kärntner. Er, der Kärntner hat immer mehr Land, Campingplatzland besetzt, sich immer weiter ausgebreitet, jeden Tag ein paar Zentimeter mehr, sodass für uns, meine Frau und mich dadurch automatisch immer weniger Raum übrigblieb auf dem sehr großflächigen Platz, und wir also, so vermittelte es uns der Kärntner, eher gestört haben durch unsere Anwesenheit. Wenn der eine Territorium braucht, muss der andere weichen.

Aber versaut hat er uns das Campen nicht, der Kärntner, unser Konzept, den Wohnwagen zurückzulassen und mehrmals im Jahr hinunterzufliegen und dort unser Tränenparadies vorzufinden haben wir beibehalten.

Man sucht sich einfach einen neuen Platz, weit weg vom Blockwart, wie wir ihn immer nannten, am besten auf einer ganz anderen Insel. Aber auf jedem Campingplatz, so unsere Erfahrung, existiert ein Blockwart, mindestens einer, der vorgibt, wie der Neuankömmling sich zu verhalten hat und der aufpasst, dass ja nichts passiert, was ihm, dem Blockwart nicht passt.

So ist das im Leben, dass eine Koexistenz nur dann funktioniert, wenn sich der eine rangmäßig dem anderen unterwirft, oder man sich meidet, sooft es möglich ist. Es ist strenggenommen, rein biologisch, gar keine Koexistenz, weil es so etwas beim Menschen eigentlich gar nicht gibt. Und deshalb ist es am besten, gar keinen dieser Menschen um sich zu haben, weil sich der eine, egal wer, nach kürzester Zeit bereits darum bemüht, einen Rang über dem anderen sich herauszunehmen.

Die Starken, die Intelligenten unterwerfen den schwachen Dummkopf, in diesem Falle mich. Aber man kann sich wehren, habe ich herausgefunden, man wechselt einfach die Straßenseite.

Oder das Lokal.

Oder den Campingplatz.

Früher habe ich immer den Mittelfinger gezeigt, heute weiß ich, dass sich dieser Energieaufwand, den diese Bewegung erfordert nicht lohnt, auch wenn er noch so minimal ist.

Der Kärntner sei verstorben, schrieben mir die Campingplatzbetreiber, ich könne wieder an meinen Platz zurückkehren. Mir sei leider etwas dazwischengekommen, schrieb ich zurück. Manchesmal stellt sich ein vergangenes Pech als späteres Glück heraus, denn wir sind an den Peloponnes, zugegeben eine Halbinsel, umgezogen und der Blockwart dieses Platzes lebt auch bereits nicht mehr.

Wenn man mit dem richtigen Menschen aus dem Paradies vertrieben wird, kann der nächste Ort auch nur ein Paradies sein. Und wenn man mit dem falschen im Paradies lebt ist es immer die Hölle."

Hans hält die Augen geschlossen, liegt wohl am Palmenwurm, oder doch am Bier. Er trinkt nicht viel, aber alles was er trinkt geht eins zu eins in sein Gehirn hinein, sein Sprachzentrum, um genau zu sein. Ein halber Liter zuviel ergibt oft einen halben Satz zu wenig.

„Na, sonst noch was", sagt er.

„Unbedingt aufschreiben muss ich das Erlebnis mit den drei Griechen, mit denen ich beim Essen war. Das Lokal lag direkt gegenüber und wurde nur von einer engen Straße vom Campingplatz getrennt. Es war im Grunde genommen eine Szene, wie sie in einem Film vorkommt, den man nicht zu Ende schaut, weil er zu konstruiert scheint.

Der eine, Vassili vielleicht, war der Gärtner des Campingplatzes, den ich sehr gerne mochte, es war eine gegenseitige grundsätzliche Sympathie.

Jeden Tag hat er mir ein neues griechisches Wort beigebracht, indem er auf die entsprechende Stelle des Körpers oder auf ein Objekt zeigte. Er hebt das Bein und schleudert seinen Schuh in die Luft und sagt paputsia. Er tupft mit dem Zeigefinger auf meine Nase und sagt miti. Er zeigt auf seine Hose und sagt panteloni. Im Gegenzug brachte ich ihm wichtige Begriffe der deutschen Sprache bei, wie Weichei oder Warmduscher. Seinen Namen weiß ich nicht mehr genau, wir nannten ihn den Kurzbejeansten. Die ganze Saison über, ja täglich, hatte er immer die gleiche, ursprünglich vermutlich blaue, offensichtlich selbst abgeschnittene, speckige Jeans an. Aber zum verabredeten Mittagessen war er kaum wiederzuerkennen. Weißes, gebügeltes Langarmhemd, lange, dunkelblaue Jeans, sein Sonntagsgewand, so meine Vermutung.

Der zweite der Dreiergruppe war mir weniger sympathisch, drahtig, dünn im Gegensatz zum herausgefressenen Albanergärtner.

Er, der zweite, war ein typischer Gewinnler der Eurorettung. Er ging, ganz legal, mit zweiundfünfzig in Rente, war vorher Postbeamter in Rethimnon und jetzt der Elektriker des Campingplatzes. Alles black money, wie er stolz verkündete. In seiner Werkstatt gab es alles, jeder rostige Draht wurde aufgehoben, denn alles braucht man früher oder später wieder, z.B. zur Fixierung des Mopedauspuffs.

Der dritte Vogel im Bunde war der Schweizgrieche, der während eines lange zurückliegenden Urlaubs eine alleinstehende Schweizerin überzeugt hatte, ihn mit in die Schweiz hineinzunehmen, stolz zeigte er dem ganzen Campingplatz die Photos seiner beiden Söhne und des Koikarpfenteiches.

Gearbeitet nach seiner Auswanderung in die Schweiz hat er nur wenige Jahre, er hat ja in das Haus hineingeheiratet, aber offensichtlich hatte er Heimweh nach Kreta oder seine Frau ihn überdrüssig, auf alle Fälle war er jedes Jahr viele Monate auf dem Campingplatz, unserem Teardropparadise.

Der vierte schließlich war der Xenos, also ich, der vorne sitzen durfte im großen schwarzen SUV von Nikos, dem Auswanderer, an dem der ein oder andere Einheimische immer wieder mal einen Außenspiegel oder die Antenne abgebrochen hat. Der Fußweg wäre kurz gewesen, vielleicht drei Minuten, einfach vom Campingplatz über die Straße zum Lokal, das eigentlich so eine Art Imbissrestaurant war.

Ihr seid meine Gäste, sagte Nikos, der Schweizgrieche, nicht nur deshalb, weil er uns drei brauchte, um seine Ducati in den extra dafür ausgebauten Wohnwagen zu wuchten, sondern womöglich auch deshalb, um denen die zurückgeblieben waren auf Kreta, zu zeigen, dass man es schaffen kann im Leben, wenn man es nur geschickt anstellt. Leider war die Rückbank des Autos bereits, weil kurz vor der Heimreise, vollgestopft, und so war nur Platz für drei, der Albaner gehe gerne auch zu Fuß, so seine Worte.

Um es klar darzustellen: die Fahrt führte durch den kompletten Campingplatz, dann eine längere Schotterpiste in die Gegenrichtung zum Lokal, um dann auf der durchaus stark befahrenen Straße aufs Einfädeln zu warten, wieder zurück in die Lokalrichtung.

Der Parkplatz vor dem Restaurant war nur ungefähr zur Hälfte besetzt, der Gärtner winkte uns bereits zu, aber man brauchte schon einen

Platz in unmittelbarer Eingangsnähe um von allen Gästen des Lokals gesehen zu werden und so musste man zwei mal komplett den Parkplatz umrunden, um dann einen der guten Plätze, leider nicht den besten, aber immerhin einen guten, zu bekommen.

Wir gingen hinein, und dann, eigentlich beim Bestellen schon, ging die Komödie, oder war es eine Tragödie, los. In einem Woody-Allen-Film heißt es einmal, Komödie ist Tragödie plus Zeit."

Ich stelle die Dose auf einem größeren Stein ab und gehe an den Rand des Ufers. Das Geschrei der Kinder wird immer lauter, der Hund hustet in rhythmischen Stößen. Ich drehe mich zu Hans um, der wohl eine passende Stelle in seinem schwarzen Büchlein sucht und schreie ihm zu: „Du, Hans, komm mal, da stimmt was nicht." Das Geschrei der Kinder wird jetzt noch lauter.

„Lass sie doch", schreit er zurück, „hör dir lieber das an." Er fuchtelt mit seinem Büchlein mir entgegen, aber ich drehe meinen Kopf wieder in die andere Richtung, hin zur Salzach.

In diesem Moment sehe ich neben den am Uferrand schreienden Kindern irgendetwas Größeres im Fluss schwimmen. Es ist zu weit weg, als dass ich sagen könnte, was genau das ist. Holz ist es nicht, soviel erkenne ich. Erneut drehe ich mich um, aber Hans ist jetzt in sein Büchlein vertieft, also lasse ich ihn besser, denke ich. Ich gehe langsam, dann immer schneller in Richtung der Kinder, sie sind noch mehrere hundert Meter von mir entfernt, plötzlich erkenne ich ihn, den Gegenstand. Es ist ein Kopf, an dem abwechselnd links und rechts hochschnellende Arme zu erkennen sind. Meine Schritte werden schneller, ich beginne zu laufen, es ist so eine Art Humpeln im Laufschritt, es sind immer noch ein paar hundert Meter, ich drehe mich um, Hans ist hinter der Biegung nicht mehr zu sehen, verdammte Blähfüße, denke ich, aber die Schmerzen sind weg.

Die Kinder sehen mich jetzt, sie fuchteln mit den Armen, winken hektisch, schreien um Hilfe, zeigen in den Fluss, die Salzach.

Ich werde immer schneller, das Kind im Fluss treibt immer weiter ab, die Strömung der Salzach ist nach Unwettern immer besonders stark. Ich muss das Kind jetzt retten, ich bleibe kurz stehen und ziehe meine kurze Hose aus, stehe jetzt in meiner Unterhose da bei der Gruppe, aber ich habe einmal gehört, dass man einem Ertrinkenden immer einen Gegenstand hinhalten soll, nie die eigene Hand, denn sonst zieht er dich mit in den Abgrund, ins Verderben, und so kann man, wenn alle Stricke reißen, immer noch die Hose und also den Ertrinkenden loslassen in den Strudel, in seiner Panik, um sich selbst zu retten.

Ich springe in den Fluss und schwimme dem Hilfeschreienden entgegen und plötzlich sehe ich mich von außen, plötzlich bin ich ein er, ich blicke in einigem Abstand auf ihn, er blickt in einigem Abstand auf mich.

Er muss jetzt das Kind retten, muss das auch wegen seiner Vergangenheit, immer hat er das eigene Kind im Stich gelassen, also muss er jetzt das fremde Kind retten. Er schwimmt so schnell er kann zum Kind, er war noch nie ein guter Schwimmer. Aber anstatt dem Kind näher zu kommen, bleibt alles auf der Stelle stehen. Er schwimmt, aber bewegt sich nicht. Alle Kraft, die er einsetzt, geht ins Leere. Ihm wird plötzlich übel, furchtbar übel, ihm wird schwindelig, die Kräfte lassen allmählich nach. Er nimmt noch einmal alle Energie zusammen, das ertrinkende

Kind, ein ungefähr zwölfjähriges Mädchen, eine Sechstklässlerin sozusagen, das Alter von Schülern einschätzen konnte er immer gut, ist jetzt direkt neben ihm.

Aber er öffnet die Faust seiner rechten Hand und lässt seine kurze Hose ins Wasser gleiten und versucht nun, sich selbst zu retten, denkt wie damals nicht an das Kind, sondern nur an sich selbst, wie es ihm immer wieder vorgehalten worden war. Auch er treibt nun immer weiter ab, er sieht nur noch das Wasser, das sich jetzt mehr und mehr schwarz einfärbt, die hellblaue Salzach ist jetzt die schwarze Salzach.

Ein Hund schwimmt vorbei, warum hat er den Hugo nicht behalten, ihm folgt eine Katze, hoffentlich geht es ihr gut, ein Wohnwagen treibt an ihm vorbei, warum hat er nicht mehr Urlaube gemacht, ein Kranich landet sanft vor ihm auf der mittlerweile gefrorenen eiskalten schwarzen Salzach.

Seine Exfrau geht ihm auf dem gefrorenen Wasser entgegen, sie hält den linken Zeigefinger der Exgeliebten, die jetzt auch erkennbar wird. Jede hält ihm die freie Hand entgegen, aber die Hände, die er ergreifen will sind Luft.

Nach und nach verwandelt sich die schwarze, gefrorene, eiskalte Salzach in das wunderschöne wohligwarme blaugrüne Meer von Finikounda.